AF509721

NOTICE HISTORIQUE

SUR LE

MONASTÈRE DE SAINT-MEDARD DE PIÉGROS

NOTICE HISTORIQUE

SUR

LE MONASTÈRE

DE

SAINT-MÉDARD DE PIÉGROS

AUJOURD'HUI PIÉGROS-LA-CLASTRE (DROME)

Par J. BRUN-DURAND

MEMBRE DE PLUSIEURS SOCIÉTÉS SAVANTES, FRANÇAISES ET ÉTRANGÈRES

BAR-LE-DUC

TYPOGRAPHIE DES CÉLESTINS

ANCIENNE MAISON L. GUÉRIN, ÉDITEUR

36, rue de la Banque, 36

1874

ESSAI HISTORIQUE

SUR LE

MONASTÈRE DE SAINT-MÉDARD DE PIÉGROS

ORDRE DE SAINT-AUGUSTIN

Pittoresque et fertile contrée, s'étendant de l'Est à l'Ouest comme un ruban de verdure entre des collines pierreuses et des montagnes aux cimes foudroyées, la vallée de la Drôme était autrefois des plus riches en établissements religieux. A peu près toutes ses paroisses et presque chacun de ses villages, coquettement assis sur le penchant de coteaux couronnés de châteaux en ruines et de tours croûlantes, avaient au moins un prieuré, pieux essaim des grandes ruches monastiques de Cluny, d'Aurillac, de Cruas, de Saint-Antoine ou de Saint-Ruf, colonie de Bénédictins, de Cisterciens ou d'Augustins, établie aux siècles de foi par quelque seigneur ecclésiastique ou laïque, pour les besoins des populations. A quelques rares exceptions près, ce n'étaient point là des monastères, suivant l'acception complète du mot, mais ce que l'on appelait des obédiences, ou, pour mieux dire, de petites communautés où deux ou trois religieux, envoyés de l'abbaye-mère pour la culture des champs aussi bien que pour celle des âmes, sous la conduite d'un chef appelé prieur, parce qu'il avait pour première mission de présider à la prière, vivaient frugalement d'un mince revenu, dont les dîmes de la paroisse, salaire obligé de l'autel, formaient la principale et quelquefois l'unique source.

Pauvres des biens de ce monde, éloignées de ses bruits, et souvent dépeuplées et ruinées de bonne heure par la guerre civile, la plupart de ces humbles maisons n'ont pas d'histoire ; mais il en est cependant quelques-unes qui, sans avoir jamais été considérables, eurent une certaine importance, et dont le nom rappelle d'intéressants souvenirs. Ainsi le prieuré de Saillans, dont le chef, seigneur temporel de ce bourg et des petits fiefs de Vérone et de la Bâtie d'Aiguebelle, était encore assez puissant au xiii° siècle, pour que les évêques de Valence et de Die et les comtes de Valentinois et de Diois guerroyant entre eux se disputassent son alliance. Ainsi Sainte-Croix, d'abord chef d'Ordre d'une petite congrégation de chanoines réguliers, puis commanderie de l'Ordre de Saint-Antoine, et maintenant orphelinat et maison de missionnaires. Ainsi Saint-Marcel de Die, autre maison de chanoines réguliers convertie en un prieuré de Clunisiens, duquel dépendaient ceux de Chabeuil, de la Motte-Chalancon, de Beaumont, de la Pierre, de Trémimi et du Percy, et dont le nom n'est plus aujourd'hui porté que par un arc de triomphe de l'époque romaine. Ainsi le prieuré de Saint-Pierre, de la même ville, dépendance de l'abbaye de Saint-Ruf, connue dès 1096, et laquelle devait être unie à l'évêché de Die, lorsque la Révolution fit disparaître l'un et l'autre. Ainsi Valdrôme, commanderie de l'Ordre de Saint-Jean de Jérusalem, fondée en 1220 par l'évêque Bertrand d'Etoile. Ainsi Guignaise, abbaye descendue au rang de prieuré ; ainsi enfin, et surtout, Saint-Médard de Piégros, abbaye, prieuré, puis commanderie antonine, dont il est plus d'une fois question dans les annales dauphinoises.

Seul de toute la contrée et de la province peut-être qui ait été dédié au saint évêque de Noyon, ce monastère a eu deux établissements successifs sur le territoire de la commune de Piégros-la-Clastre, canton sud et à sept kilomètres de Crest. Premièrement bâti sur la montagne qui domine Piégros, en un lieu solitaire et sauvage qui porte encore le nom de

Saint-Médard, et où se trouvent les restes d'un petit cloître
et d'une église romane (1), il fut vraisemblablement fondé
vers la fin du xi° ou le commencement du xii° siècle, par un
comte de Diois, qui ne peut être que Ponce, fondateur du
prieuré de Saint-Jean d'Hérans en Trièves, vers 1062 ; ou bien
cet Isoard, dernier comte de Die, de la maison de Forcal-
quier, appelé Hyscard par Mathieu Pâris, qui nous le montre,
en sa chronique, commandant le onzième corps de l'armée
croisée au siége de Jérusalem, et qui vivait encore en 1116.
Le sentiment qui poussait alors des peuples entiers sur la
route de l'Orient pour y délivrer le tombeau du Christ, fit
en même temps surgir des églises et des monastères sur
tous les points de l'Occident, et si vif fut dans notre région
ce courant d'idées, que le seul diocèse de Die, pauvre et peu
populeux, vit en moins d'un siècle s'élever : les abbayes
cisterciennes de Léoncel (1137) et de Valcroissant (1170),
celle-ci au pied du Glandaz, l'autre sur les montagnes du
Royannais ; la chartreuse du Val-Sainte-Marie (1144), non
loin de Léoncel ; les prieurés de Saint-Jean d'Hérans (1062),
de Lavars (1085) et de Sainte-Marie de Sinard (1110) dans le
Trièves ; ceux de Volvent, de Saint-Pierre de Chalancon
(1085) et de Saint-Vincent de Taulignan, dans l'archiprêtré
du Désert ; celui de Saint-Robert, dépendance de Notre-
Dame des Romesiers, de Beaumont-les-Valence, sur les hauteurs du Chaffal, et nombre d'autres qu'il serait trop long
d'énumérer ici (2).

Fondé par un prince du pays dont les successeurs ne
purent manquer de lui être favorables, protégé par les évêques de Die, compétiteurs des comtes à la souveraineté du

---

(1) Cette église n'est pas complétement détruite : il en existe encore l'abside du
chœur et une partie des murs de la nef. L'on s'occupe activement de sa restaura-
tion d'après le plan primitif. Espérons que Dieu aidant et les âmes généreuses
aussi, ce monument intéressant de l'architecture du xii° siècle, sera bientôt-rendu
à la piété et à l'art.

(2) *Art de vérifier les dates* et notre *Dictionnaire ecclésiastique du Dauphiné*.

Diois, respecté par les seigneurs du voisinage, Saint-Médard bénéficia naturellement de cette ferveur religieuse, et grâce à de nombreuses libéralités, étendit en peu de temps ses possessions jusqu'à Aurel, dans la vallée de la Drôme, et jusqu'au-dessous du roc de Toulaud, dans celle de la Gervanne. Aussi le pape Alexandre III lui donne-t-il le titre d'abbaye, dans la bulle, en date du 28 mars 1165, par laquelle il confirme les droits et priviléges de l'évêque de Die. — *Abbatiam Sancti Marcelli, abbatiam Sancti Medardi, abbatiam Sanctæ Crucis et abbatiam Sancti Juliani de Guiniasie, ita est in eisdem abbatiis tam tu quam successores tui, potestatem liberam habeatis de temporalibus et spiritualibus sine contradictione aliqua ordinandi et ibidem canonice disponendi sicut predecessores tui et tu ipse in eis pacifice noscimini.* — « Les abbayes de Saint-Marcel, Saint-Médard, Sainte-Croix et Guignaise seront entièrement soumises à l'évêque de Die et à ses successeurs, de même qu'elles l'ont été jusqu'ici à ses prédécesseurs et à lui-même, tant pour le spirituel que pour le temporel », dit cette bulle. S'ensuit-il que ces quatre monastères étaient réellement alors des abbayes, autrement des maisons religieuses érigées en prélature sous le gouvernement d'un abbé? Nous ne le croyons pas; car, en outre qu'il est péremptoirement établi que dans le même temps la plupart d'entre eux avaient à leur tête un simple prieur, on voit par cette bulle même que le Pontife ne confondait nullement ces monastères avec ceux de Léoncel et de Saoû, qui étaient de véritables abbayes, mais les plaçait à un rang inférieur. D'où l'on peut conclure que Alexandre III entendait ainsi désigner tout monastère qui, ne relevant d'aucun autre, en avait au contraire quelques-uns dans sa dépendance. Or, c'est bien le cas de celui qui nous occupe, monastère de chanoines réguliers de Saint-Augustin, franc de toute autre juridiction que de celle de l'évêque de Die et de qui relevaient les églises ou petits prieurés : de Saint-Sauveur, au levant et à courte distance de Piégros, sur les dernières pentes de la montagne de Rochecourbe;

Saint-Romain de Suze— *prioratus Sancti Romani de Secussiis* alias *Secussiarum* — sur le versant oriental du massif de la Raye ; Saint-Pierre de Sibie ou de Sépie, — *Sibia, Cibia* et *Sibiis*, — dans l'étroite et tortueuse vallée du Cheylard et d'Eyglui, à laquelle son église sert encore de paroisse ; Ombléze, — *Umblesiis, Umbleses,* — près des sources de la Gervanne ; enfin, sur le territoire de Crest et près d'une forêt appartenant aux chanoines de Saint-Médard, ainsi qu'il résulte de sentences et procédures faites en 1505 ; Brisans, —*domus de Brisas, prioratus de Brizanis,* — appelé plus tard Saint-Antoine, à cause d'une chapelle fondée le 5 mai 1336, dans son église, par Bontoze Pelissier, habitant de Crest (1).

Six ans après, c'est-à-dire vers 1171, Robert, évêque de Viviers, ajouta à ces dépendances l'église et le prieuré de Saint-Montan, près Bourg-Saint-Andéol, et le 6 des kalendes de mai 1187, Guigues Saramand, personnage d'une famille considérable, possédant, avec une partie de la terre d'Espenel, la *bâtie* ou maison-forte dite la Tour de-Saramand, — *Turris Saramandi,* — donna sous réserve d'un cens annuel de cinq setiers de froment, aux chanoines de Saint-Médard, présents : Robert, évêque de Die, Elie, procureur et chanoine de l'église Sainte-Marie de Crest et quelques autres, la terre des Archimbauds, près Crest. Ces donations et la bulle pontificale de 1165 suffiraient à établir l'importance et la réputation dont jouissait, à la fin du xiiᵉ siècle, notre monastère ; mais nous en trouvons une nouvelle preuve dans la présence de son supérieur, le prieur Guillaume de Royas, parmi les témoins de la fameuse bulle de priviléges, accordée le 30 juillet 1178 à l'évêque de Die par l'empereur Frédéric Barberousse ; et plus encore peut-être dans les vifs et bruyants démêlés qu'il eut avec l'abbaye déjà puissante de Saint-Ruf (2).

(1) Chevalier. *Cartulaire de l'église de Die,* ch. 1, 6 et 22. *Inventaire de la chambre des comptes de Grenoble.* Vᵒ Crest.

(2) Columbi. *Opuscula varia,* p. 212 ; *Cart. de Die,* ch. 1, 21, 23, 26 ; *Inventaire de Saint-Ruf* aux archives de la Drôme.

Placée, comme nous l'avons dit, aux portes de Crest, l'obédience de Brisans avait la plupart de ses biens et dîmeries enchevêtrés avec ceux des autres églises de cette ville, lesquelles étaient, en outre de celle du prieuré de Saint-Jean, dépendante de la commanderie de Poët-Laval, Ordre de Saint-Jean de Jérusalem, puis de l'abbaye de Cruas, Ordre de Saint-Benoît, convertie en 1609 en un couvent de Capucins qui subsiste encore : Sainte-Marie ou Saint-Sauveur, église de la paroisse *intra muros*, érigée en collégiale lors de l'union des deux évêchés de Valence et de Die sur une seule tête ; Saint-André, qui, bâtie sur les hauteurs du Calvaire, cessa d'être paroissiale vers la fin du xve siècle ; Saint-Jacques, dont l'emplacement n'est pas connu ; Saint-Vincent de Crescelone, enfin, chapelle d'une maladrerie voisine du ruisseau de la Lozière, un moment église paroissiale au commencement du xviie siècle, ainsi que nous l'apprend un registre de catholicité conservé aux archives municipales (1). Non contents, les chanoines de Saint-Médard jouissaient encore d'une antique chapellenie appartenant aux évêques de Die dans l'église Saint-Sauveur ; mais il n'était quand même résulté encore aucune difficulté de ce mélange d'intérêts, lorsqu'une cession de droits en fit surgir tout à coup. C'était en 1192. Possesseurs, nous ne savons à quel titre, des églises de Saint-Sauveur et de Saint-André, le doyen et les chanoines de l'église cathédrale du Puy en Velay, les ayant cédées, en même temps que celles de Saint-Domnin de Grâne, à l'Ordre de Saint-Ruf, représenté par l'abbé Pierre (2), celui-ci prétendit aussitôt avoir

---

(1) Chorier, dans son *Histoire générale du Dauphiné*, tom. ii, p. 156, et après lui M. l'abbé Vincent, disent qu'il y avait à Crest un prieuré de Saint-Médard, mais c'est tout simplement par suite d'une lecture inattentive de la sentence de 1196 dont nous parlons.

(2) Cette donation fut faite sous réserve d'une pension annuelle de trois cents sous et en cas d'altération des monnaies de sept marcs et demi d'argent, poids du Puy ; plus à la condition que lorsqu'un chanoine de l'église du Puy viendrait à passer dans la contrée il serait reçu dans chacune de ses églises et leurs dépendances comme un supérieur.

quelques droits, non-seulement sur les possessions du prieuré de Saint-Médard, mais encore sur celles de l'évêque. Par représailles, ces derniers contestèrent ceux de l'abbé de Saint-Ruf, et si violente fut la querelle, qu'il ne fallut rien moins que l'intervention d'un légat du Saint-Siége pour y mettre fin. Le 10 mars 1196, Bernard, cardinal-prêtre du titre de Saint-Pierre-ès-liens, étant à Crest, en compagnie de l'évêque de Valence, Falques, et de plusieurs autres dignitaires ecclésiastiques, rendit une sentence arbitrale attribuant à l'évêque de Die la possession pleine et entière des églises de Saint-André et de Saint-Jacques, plus le tiers des dîmes de Saint-Sauveur ; celle-ci, avec le restant de ses dîmes et tous ses autres droits, devait appartenir à l'abbé de Saint-Ruf, qui, pour le service de la chapelle épiscopale maintenue aux chanoines de Saint-Médard, laisserait à ceux-ci la libre disposition des ornements et vases sacrés ; l'église de Saint-Vincent de Crescelone serait indivise entre l'évêque et l'abbé ; quant à celle de Brisans, les chanoines de Saint-Médard continueraient à la posséder avec tous ses biens exempts de la dîme et la faculté d'y accorder toutes sépultures, célébrer tous anniversaires et recevoir toutes oblations et offrandes, sous la seule réserve de la portion canonique. *Qui voluerit eligere sepulturam in ecclesia de Brisanis libere possit, et sine contradictione : Salva canonica portione ecclesiæ Sancti Ruffi scilicet tertia parte omnium mobilium et immobilium in primo mortuo, quarta in secundo et sic de reliquis*, dit la charte ; or, il ne faudrait pas, s'attachant à la lettre de ce texte, croire qu'il s'agit du quart ou du tiers de tous les biens de celui qui, paroissien de Saint-Ruf, voudrait être enseveli à Brisans, mais seulement du quart ou du tiers des biens ou sommes léguées à cette dernière église en échange de la sépulture qui lui serait accordée (1).

(1) *Papiers du chapitre Saint-Sauveur de Crest* et *Inventaire de Saint-Ruf* aux archives de la Drôme ; *Cartulaire de l'Eglise de Die*, ch. 26.

Ce différend terminé, c'est alors seulement, croyons-nous, que les chanoines de Saint-Médard, abandonnant leur première demeure, descendirent des hauteurs de Rochecourbe dans la vallée de la Drôme, et construisirent à une demi-lieue environ au-dessous de Piégros un nouveau monastère, qui fut probablement le point de départ du petit village auquel il a donné le nom de la Clastre — *Claustrum.* — Plus d'une raison postulait assurément en faveur de ce changement de résidence : l'insuffisance de l'établissement primitif, les difficultés de son accès, et partant l'infréquence des relations du prieuré avec ses diverses possessions et dépendances ; mais sinon la première, du moins l'une des principales était sans contredit le désir d'échapper au gênant voisinage du château de Saint-Médard. Car nous avons oublié de le dire, non loin du prieuré, et pour ainsi dire côte à côte avec lui, il y avait sur la montagne une forteresse, antique fief des Arnaud de Crest, soumise par eux en même temps que la ville de Crest et les châteaux d'Aoûste et de Divajeu (15 août 1145) à l'église de Die, et depuis longtemps possédée par une famille du nom de Saint-Médard ; laquelle, quoique feudataire de l'évêque, inclinait visiblement du côté de son adversaire, le comte de Valentinois, qu'elle devait finir par associer à son domaine (1) et qui, par suite, se montrait d'autant moins bienveillante pour notre monastère, qu'elle prenait ombrage de ses progrès. Seulement, en regard de ces avantages incontestables, le nouvel établissement offrait comme tou-

---

(1) Le 2 mars 1347, Amédée de Saint-Médard du lieu de Piégros donna à Aymar de Poitiers, comte de Valentinois et Diois, sa part du château de Saint-Médard avec justice haute, moyenne et basse, censes et autres dépendances.

Le 7 du même mois, Hugues de Saint-Médard, fils de Pierre, fit hommage au même comte de Valentinois pour sa part du château de Saint-Médard.

Le 13 septembre 1375, Louis II de Poitiers, autre comte de Valentinois, donna en fief à Charles de Poitiers, seigneur de Saint-Vallier, son oncle, la parerie ou moitié du château de Saint-Médard, acquise le 2 mars 1347 d'Amédée. Quant à celle qui avait été simplement hommagée, elle passa par héritage à Charles Blayn, sieur du Poët-Célard, qui en fit hommage au roi-dauphin le 10 février 1446.

jours de non moins incontestables désavantages. En se rapprochant des bruits du monde, les religieux de Saint-Médard s'exposaient à ces vicissitudes, et les agréments de la résidence de la Clastre devaient être compensés pour eux, par des orages et des malheurs qu'ils eussent probablement évités dans leur austère retraite de la montagne (1).

Pour notre contrée, en effet, le XIIIe siècle est par excellence celui des grandes luttes féodales, et placé comme il l'était aux portes de Crest, d'Aoûste et de Saillans, ville et bourgs qui furent pris et repris tant de fois pendant cette terrible *guerre des épiscopaux* qui, près de deux siècles durant, ensanglanta notre pays ; notre monastère ne pouvait manquer de ressentir le contre-coup de tant de siéges et de batailles ; cela d'autant mieux que sa position à courte distance de la Drôme, dont il pouvait au besoin commander le cours, lui donnait une certaine importance stratégique. On ne connaît cependant aucun fait digne de remarque se rapportant à Saint-Médard avant l'an 1277, mais à cette date il devient à lui seul une cause de guerre. Dans le but avoué de résister plus facilement et plus utilement aux entreprises des sires de Poitiers, opiniâtres compétiteurs des évêques, à la domination du Valentinois et du Diois, les deux évêchés de Valence et de Die venaient d'être réunis sur la tête d'Amédée de Roussillon, et moins pontife que chevalier, soucieux des lois de la guerre beaucoup plus que de celles de l'Eglise, celui-ci, préparant ses plans de campagne, avait aussitôt manifesté l'intention de convertir plusieurs établissements religieux en fiefs militaires. C'était audacieux. Le comte de Valentinois Aymar IV, jeune homme qui, récemment appelé à la couronne des deux comtés, n'avait point encore eu l'occasion de se quereller avec le prélat, le pria de n'en rien faire, mais ce fut vainement. Jaloux de se donner tout à la fois un allié et une forteresse, comme aussi

_____

(1) *Cartul. de l'église de Die*, ch. 12 ; *Invent. de la chambre des comptes,* V° Saint-Médard.

d'établir à Crest, ville située sur les confins des deux dio-
cèses, une collégiale ou chapitre qui, formé de prêtres de
l'un et de l'autre, servirait en quelque sorte de trait-d'union
entre les deux clergés, l'intelligent et belliqueux Amédée
traita pour ce dernier établissement, de l'église de Saint-
Sauveur avec l'abbé de Saint-Ruf, à qui il donna en échange
le prieuré de Saint-Médard avec toutes ses dépendances,
sous réserve de pouvoir fortifier le tout à son gré ; puis
usant immédiatement de cette réserve, fit construire quelques ouvrages au monastère de la Clastre. Naturellement
irrité, mais cachant sous une feinte modération sa colère,
le comte de Valentinois appela au Saint-Siége de ce traité,
attendu, disait-il, que Saint-Médard et Brisans, étant de la
fondation de ses prédécesseurs, semblable changement ne
pouvait être apporté dans leur existence sans son consen-
tement, et croyant peut-être intimider ainsi le prélat, il
profita de ce que celui-ci était à Crest pour lui faire signi-
fier son appel par un homme d'armes dont l'histoire nous a
conservé le nom : Jean Dajenau. Seulement Amédée n'étant
point homme à se laisser intimider, même par un appel au
Saint-Siége ; prévoyant une formalité qui pouvait, dans une
certaine mesure, gêner sa liberté d'action, il s'enferma dans
l'église Saint-Sauveur avec ses chanoines, et plaçant des
gardes à toutes les portes, empêcha le messager du comte
d'arriver jusqu'à lui. Il ne pouvait résulter de cette conduite que la guerre, et ce fut une guerre acharnée dans
laquelle, usant tout à la fois des armes spirituelles et de
l'épée, Amédée excommunia son adversaire et lui enleva
plusieurs places et châteaux, que la seule intervention du
Pape et du roi de France lui put faire restituer. Quant à
notre monastère, il ne resta lui-même que peu de temps
aux mains des religieux de Saint-Ruf, car vers 1302 ou 1303,
Guillaume de Roussillon, neveu d'Amédée et comme lui
évêque de Valence et de Die, suivant l'exemple de son pré-
décesseur Jean de Genève, qui, le 28 novembre 1289, avait
donné le monastère de Sainte-Croix à l'Ordre de Saint-

Antoine, donna le prieuré de Saint-Médard et toutes ses dépendances au même Ordre. Cette nouvelle transaction fut un sujet de difficultés avec l'abbé de Saint-Ruf, qui consentait bien à céder Saint-Médard, mais entendait garder les églises et prieurés qui en relevaient. On parlementa, et finalement le prieuré de Saint-Montan et quelques autres biens ayant été attribués à Saint-Ruf, les Antonins purent entrer en possession de Saint-Médard et de ses autres dépendances, qui leur furent définitivement unis par bulle du pape Boniface XI, en date du 15 avril 1304 (1).

Simple communauté d'hospitaliers rappelant avec un caractère plus humble les chevaliers de Saint-Jean de Jérusalem à leur origine, l'Ordre de Saint-Antoine venait alors de se transformer d'une manière complète. Le 10 juin 1297, une bulle pontificale l'avait érigé en congrégation de chanoines réguliers, ayant à sa tête un abbé général, au lieu d'un simple maître ou recteur, et le 13 avril de l'année suivante, de nouvelles constitutions élaborées par le chapitre général, faisant un classement des nombreuses possessions de l'Ordre, les avait divisées en preceptoreries générales ou commanderies, et préceptoreries simples ou prieurés : chacune des premières ayant dans sa dépendance un certain nombre des autres. Passé aux Antonins, le monastère de Saint-Médard, de même que celui de Sainte-Croix, devint donc une commanderie générale et comme lui eut pour dépendances ses anciennes obédiences ou petits prieurés (2); mais quelque élevé que fut le rang que lui assignèrent ses nouveaux possesseurs, il ne compensa point la perte de son autonomie; en entrant dans l'Ordre de Saint-

(1) Chorier. *Hist. génér.*, II, 157, 158. Columbi. *De rebus gestis episcoporum Valent. et Diens.*, p. 156. *Invent. de Saint-Ruf. Invent. de la comm. de Sainte-Croix*, etc., etc.

(2) Les dépendances de la commanderie de Sainte-Croix étaient les prieurés de Saint-Julien en Quint, Saint-Etienne et Saint-André en Quint, Vassieux, Vérone, Vachères, Sainte-Agathe de Die, et Barsac; plus l'église paroissiale de Saint-Martin en Vercors échangée avec le chapitre de Die en 1304, contre celle de Pontaix, et celle de Marignac échangée contre celle de Saint-Saturnin de Pouet.

Antoine, notre monastère tomba dans l'oubli, et soit à cause de l'incurie de ses supérieurs qui le négligèrent pour de plus riches possessions, soit plutôt effet du relâchement qui s'introduisit alors dans la plupart des Ordres religieux, il ne fit plus que végéter et languir. Peu à peu s'affaiblissant l'amour de la Règle et le sentiment du devoir, la vie monastique s'éteignit dans les obédiences dont les biens confiés à des mains mercenaires n'ajoutèrent que d'insignifiantes ressources à celles de la commanderie. Atteinte elle-même par les malheurs des temps et plus encore victime de l'insouciance de ses chefs, que de fréquents voyages à l'abbaye-mère ou dans les commanderies voisines déshabituaient de la résidence, celle-ci voyait de son côté diminuer peu à peu le nombre de ses religieux et la somme de ses revenus. Une conventualité régulière n'étant guère possible avec seulement deux ou trois religieux, il en résulta des désordres, et finalement il y avait déjà bien des ruines à Saint-Médard, quand les guerres de religion lui portèrent le dernier coup en dévastant ses bâtiments et contraignant, par suite, ses rares hôtes à chercher ailleurs un asile. Toutefois il est nécessaire d'observer que ces ruines étaient moins encore des ruines matérielles que des ruines morales, c'est-à-dire de celles qui ne se relèvent point plutôt que de celles qui se réparent, car un dénombrement des biens et revenus de la commanderie de la Clastre, fait en 1540, c'est-à-dire à l'aurore des guerres de religion, atteste une fortune bien suffisante encore : mais, nous le répétons, Saint-Médard, comme du reste l'Ordre des Antonins tout entier, était alors sur cette pente de la décadence, que les sociétés, quelles qu'elles soient, ne remontent guère. Détenteurs légaux de tous les revenus du monastère, les commandeurs, loin de s'effrayer de sa désorganisation, n'aspiraient qu'à y voir disparaître complétement une conventualité dont il leur fallait faire les frais, et s'inspirant des mêmes sentiments, les chefs de l'Ordre ne tendaient à rien moins qu'à supprimer le bénéfice lui-même, autrement à dépouiller de son titre de commanderie la maison antonine de la Clastre, afin de pouvoir bénéficier de ses revenus. Tellement, que celle-ci semblait éteinte pour toujours, lorsqu'un obscur religieux de Saint-Antoine, frère Jean Chabert, sollicita vraisemblablement à l'insu de ses supérieurs, et obtint du légat d'Avignon, représentant du Saint-Siége, les provisions de titulaire de la commanderie générale de Saint-Médard de la Clastre à laquelle il n'avait pas été pourvu depuis longtemps. Cette nomination pouvait faire espérer que notre monastère allait enfin voir luire de nouveaux jours; mais il n'en fut rien. Installé et mis en possession le 14 février 1598, par un simple chanoine de la collégiale de Crest, messire Antoine Barnaud, qui lui mit en main « une branche d'aulcuns des arbres estans là auprès, pour n'y avoir poinct de clocher », ainsi qu'il résulte d'un procès-verbal assez curieux pour que nous le donnions ici-bas tout entier (1), Jean Cha-

(1) Voici ce procès-verbal, d'après une copie existant aux archives de la Drôme, série E, carton 1078.

« Au nom de Dieu soit faict. Sçachent tous présents et advenir que l'an mil cinq cents quatre vingts dix huit et le quatorzième du mois de febvrier apprès midy et environ l'heure de deux, au lieu de la Clastre, mandement de Puygros et auprès de la porte de l'esglize Sainct-Anthoine de la commanderie Sainct-Méard, assize au lieu de la Clastre dudict Puygros : pardevant moy Bertrand Farsac notaire royal, dalphinal de la ville de Crest en Dauphiné et tesmoingz soubsignez s'est présenté frère Jean Chabert prebstre et religieux de l'ordre de Sainct-Anthoine de Viennoys, lequel parlant à messire Anthoine Barnaud prebstre et chanoyne de l'esglize collégiale Sainct-Sauveur dudict Crest luy a exibé lettres et bulles de prooision pour ledict frère Chabert, obtenues par luy sur une requeste par luy présentée à seigneur illustrissime le vice-légat d'Avignon, dattées lesdictes lettres du XXII° du mois de novembre dernier et signées par Mre Laurentius Joannis secrétaire, et l'octroy de ladicte requeste concédé et signé par illustrissime *Johannus episcopus Cavaliacensis vice legatus*; lesdictes lettres et bulles commençant ainsy : *Octavus miseratione divina* et scellé de cire rouge du scel de l'illustrissime cardinal légat d'Avignon pour Sa Saincteté, et lesquelles entr'autres chozes apprès que ledict frère Chabert a esté proveu de commandeur de la commanderie de Sainct-Méard de la Clastre dudict Puygros et ses despandances, par les raisons y desduictes est dict et ordonné qu'il sera miz et maintenu en possession et jouyssance de ladicte commanderie et ses despendances en deue forme avec les sérémonies et autres chozes à ce nécessaires, et ce par le premier prebstre ou chanoyne sur ce recquis, et mandé au premier notaire de recepvoir et expédier lesdicts actes en deue forme et aultrement comme plus a plain est par lesdictes lettres et requeste par luy exibées. Au moyen

bért, que guidait le seul esprit de lucre, prenant à la lettre l'expression de bénéfice dont on se servait alors pour désigner les emplois ecclésiastiques, se borna à percevoir les revenus du sien sans en remplir les charges, et cela d'une manière tellement honteuse, que quatre ans et demi après, il fallait mettre ces revenus sous séquestre pour obtenir de lui qu'il

de quoy ledict frère Chabert a recquis ledict messire Barnaud le volloir mettre et maintenir en possession réelle, actuelle et corporelle de ladicte commanderie Sainct-Méard, annexes, connexes, circonstances et despandances, icelle suyvant et à la forme desdictes lettres et bulles de provision ; lequel Mre Barnaud apprès avoir veues et leues lesdictes lettres avec tel honneur et révérance qu'il appartient a offert procéder à ladicte mize en possession, suyvant lesdictes lettres et y procédant, en premier lieu a faict sommayre apprinse desdicts an, jor, lieu et heure avec les tesmoings soubsignez lesquelz moyennant serment presté entre ses mains ont desclairé lesdicts an, jor, lieu et heure, que nous sommes auprès de la porte de ladicte esglize Sainct-Anthoine, commanderie de la Clastre dudict Puygros et que sont environ l'heure de deux apprès midy, ce qu'ils sçavent pour l'avoir veu à l'escart du soleil. Quoy entendu ledict Mre Barnaud a prins par la main dextre ledict frère Chabert, l'a mis et maintenu en possession et jouyssance de ladicte commanderie Sainct-Anthoine de Sainct-Méard, ensemble des profficts, revenus, despendances, appendances et honneurs appartenants à ladicte commanderie, le faisant entrer et sortir de ladicte esglize par trois fois diverses, faict mettre à genoux et dict son oraison avec ledict Mre Barnaud au devant du cœur de ladicte esglize et apprès baizé l'autel d'icelle esglize et faict faire plusieurs tours en ladite esglize et autel d'icelle et apprès estans sortis de ladicte esglize ledict Mre Barnaud luy auroit une branche d'aulcuns des arbres estans là auprès pour n'y avoir poinct de clocher et faict faire plusieurs autres actes possessoires et illec sans divertir auxdicts actes lesdicts frère Chabert et Mre Barnaud seroient allés avec moy dict-notaire et tesmoingz à la porte de la maison où habite à présant Pierre Bourbousson, où estant treuvée la porte fermée ledict Mre Barnaud l'auroit ouverte et apprès prins par la main ledict frère Chabert et faict entrer dans la cour de ladicte maison par plusieurs fois le mettant en possession de icelle maison pour estre de la despandance de ladicte commanderie, lequel Mre Barnaud auroit inhibé et deffandu à tous qu'il appartiendra ne troubler, molester ou empescher ledict frère Chabert en ladicte possession soubz les peynes portées èz ordonnances et apprès avoir faict comme est dict plus haut plusieurs actes possessoires ledict frère Chabert a recquis moy notaire luy donner acte de tout ce que dessus et les adcistans pour tesmoingz pour luy servir et valoir ce que de raison : Lesquelz actes auxdictes fins je luy ay faicts et octroyés au lieu que dessus et en présence de sieur Claude Ybot appoticaire de Crest, Anthoine Glène et Guillaume Bonnafondz dudict Puygros tesmoingz appellez ad ce et soubsignez les sçachant escryire.

« Plus et finallement dudict lieu de la Clastre et au mesme instant dudict jor, les dicts frère Chabert et Mre Barnaud avec moy notaire, nous serions transportés au prioré de Sainct-Anthoine de Brizes despandant de ladicte commanderie de Sainct-

pourvût au service religieux de la paroisse de Piégros, dont les pauvres habitants, sans église ni curé depuis dix-huit ans et plus, en étaient réduits à payer eux-mêmes un religieux de Saint-François pour leur distribuer les sacrements, tandis que celui à qui incombait rigoureusement cette charge vivait tranquillement à Saint-Antoine du produit de la dîme (1). Quant à la commanderie elle-même, au bout

Méard, scitué au mandement de Crest, où estant ledict frère Chabert apprès avoir exibées ses lettres de provision sus mentionnées, attandu que ledict prioré Sainct-Anthoine est de ladicte commanderie et despandance de Sainct-Méard, a faict semblables recquisilions que dessus audict M⁰ᵉ Barnaud, lequel M⁰ᵉ Barnaud ayant receues lesdictes lettres avec révérance que dessus a offert d'effectuer ladicte recquisition et ce faisant apprès sommaire apprinze desdits an, jor, lieu et heure avec les tesmoingz soubznommés qui moyennant serment l'en ont deubment certiffié, a prins par la main ledict frère Chabert le mettant en possession et jouyssance comme dessus dudict prieuré Sainct-Anthoine de Brizes comme despandant de ladicte commanderie, faisant entrer et sortir ledict frère Chabert de ladicte esglize et icelluy faict mettre à genoux ensemble ledict M⁰ᵉ Barnaud et dict les oraisons comme dessus sçavoir ung *Pater* et ung *Ave Maria* au devant du cœur de ladicte esglize et apprès baizé l'autel d'icelle et faict faire plusieurs tours auxdicts antel et esglize et estant sorty d'icelle ledict M⁰ᵉ Barnaud en signe de vraye mize en possession luy auroit baillé des poignées de terre et branches des arbres et faict plusieurs aultres actes possessoires, faisant semblables inhibitions et deffances que dessus soubz les peynes contenues auxdictes lettres et autres ledict M⁰ᵉ Barnaud. Lequel frère Chabert auroit de mesme recquis acte à moy dict-notaire de ce que dessus et les adcistanss pour tesmoingz, lesquels actes je luy ay octroyés pour servir ce que de raison, dans le prieuré Sainct-Anthoine de Brizes, présants : lesdicts sieur Claude Ybot, Pierre Chansand cardeur et Jean Evesque laboureur des granges dudict Crest, les sçachant escryire soubzsignés : F. CHABERT, — Claude YBOT, tesmoing, A. BARNAUD, et moy Bertrand FARSAC, notaire royal delphinal dudict Crest que de ce que dessus ay receu notte originelle de laquelle en ay extraict le présent et deue collation faicte à son original, me suis soubzsigné pour la seurté dudict frère Chabert, de mon seing accoustumé. FARSAC, notaire.

« Insinué et enregistré au greffe des insinuations ecclésiastiques du dioceze de Die, par moy, notaire greffier et secrestaire épiscopal dudict, suivant l'ordonnance royale, le second de mars 1598. « GILLES ».

(1) *Procès-verbal d'une visite de l'église paroissiale de Piégros :* aux archives de la Drôme, fonds de l'évêché de Die.

« L'an mil six cents deux et le neuviesme jour du moys d'octobre, nous, François le Lièvre, bachelliai en droictz, vicaire général et official de Monseigneur le révérendissime évêque comte de Dye et Vallance, chanoyne de l'esglize cathédrale Nostre-Dame dudict Dye, continuant nostre vizite par le diocèze, nous serions transpourté au lieu de Piégros et dans l'esglize dudict lieu, laquelle veüe et vizittée, l'avons trouvée ruynée et descouverte, en estat que le service divin ne se peult

de trente-trois ans de cet effroyable régime, il n'en restait plus qu'une église croulante, sans ornements, sans autels, voire même sans portes, et une seule chambre appelée « sacrestie ». Appuyé sur un règlement général du 28 août 1630, prescrivant le rétablissement de la conventualité dans toutes les abbayes et autres monastères ayant de suffisantes ressources, un vicaire général de l'évêque diocésain faisant

cellébrer, cependant seroient venus noble Verancy de Jouny, seigneur de Pennes, Barnave et dudict Piégros, assisté de Pierre Terrail, chastellain, Bernard Bertallet et Sébastien, chapal consulz dudict lieu, et Pierre Bourbousson, Jacques Bertallet, Jean Bertallet, Anthoine Terasse, Jean Armand, David Guérin, Michel Grangeon, Sébastien Armand, Guillaume Sauvestre et autres habitants dudict lieu, faisant la meilheur et plus grande partie des habitants dudict lieu, auxquelz nous aurions remonstré, les recquérant, nous desclairer qui est curé audict lieu, si les revenus dont il jouit sont cappables et souffizants pour l'entretènement dudict curé, et la cauze pour laquelle leur esglize n'est bastie et édiffiée pour y faire le service divin, estant toute gastée et rompue, sans fonds baptismaux, les autels mal accomodez, portes rompues, et de telle façon que les bestes y font grand préjudice, qui est grand escandalle. Lesquelz, après avoir l'ung après l'aultre presté serment, nous ont dict et rapporté, moyennant icelle, que de tout temps audict lieu y avoit ung curé qui rézidoit audict lieu et prenoit son revenu sur le prieuré dudict lieu, qui a de grands revenus et que David Guérin et Pierre Terrail, chastellain, sont rentiers dudict prieur, qui se nomme frère Jean Chabert, de l'ordre de Sainct-Anthoine, et donnent audict prieur cent escuz, se chargeant de l'aumosne de febvrier, et décimes de deux prebstres; et oultre ce, ledict commandeur s'est rezervé certains cens, laouds et aultres moyens vallant cinquante escuz ; et que pour ledict curé, il y a plus de dix-huit ans qu'il n'y a aulcun titullaire, et pour le service qu'ils ont eu et ont maintenant, ils ont esté contraincts appeller frère François Domin, cordellier, qui puis quelque temps faict ledict service et auquel ils donnent quarante escuz. En oultre nous ont dict et remonstré que de toute antienneté y souloit avoir à la Clastre qui est audict mandement, trois religieux avec le commandeur qui faisoient ordinairement le service divin, et là où les habitans alloient ouyr la messe par devossion, choze qui est passée maintenant pour n'y avoir aulcung commandeur ny religieux qu'y fasse sa résidence, ni le deub de sa charge ; nous recquérant qu'il nous plaize ordonner que ledict commandeur les fera servir sellon l'antienneté et de les pourvoir d'ung curé, affin qu'ils ne soyent plus dans la peyne qu'ils ont esté par le passé, luy ordonnant telle portion congrue sur les dixmes dudict Piégros, attendu qu'ils sont de nottable valleur, telle qu'il sera par nous advizé.

Surquoy voyant l'estat de ladicte esglize et pouretté d'icelle, nous avons ordonné que le sieur commandeur qui prend les dixmes dudict lieu fera bastir l'autel d'icelle et fera fere une vitre à la fenestre du presbytaire d'icelle et fera raccommoder et couvrir ledict presbytaire et pourvoira ledict autel d'ung tableau ou sera ung crucifix et le pourtraict de Monsieur sainct Anthoine et des aultres chozes nécessaires pour cellebrer la saincte messe, comme nappes, chandelliers, livres, chasubles, aube,

la visite des lieux, ordonna le 23 décembre 1631, que le quart
des revenus nets de la commanderie de la Clastre seraient
annuellement affectés à réparer et meubler l'église et les
bâtiments claustraux jusques « à perfection dernière (1) ».
Mais si elle reçut un commencement d'exécution, — ce
que j'ignore, — cette ordonnance n'amena pas en tout cas les
fins qu'on se proposait ; car dès la fin du xviᵉ siècle, Saint-

calice et burettes d'estain et ce dans la feste de Toussaintz prochain et oultre ce
nous présantera s'il a droict de présantation ung prebstre pour estre pourveu de
ladicte cure dans ledict temps, aultrement a faulte de ce qu'il y sera pourveu de
droict et cependant et jusques audict jour avons saizi et anotté tous et ung ches-
cung les revenus de ladicte commanderie consistant auxdictes dixmes et ce entre
les mains desdicts rentiers, leur inhibant s'en dessaizir jusqu'à ce que aultrement
soit ordonné, enjoignant auxdicts habitans de recouvrir ladicte esglize et refaire
les portes d'icelle dans six moys et fere réédiffier les fonts baptismaux et ung
bénitier dans ledict temps, a faulte de ce il sera pourveu suyvant les ordonnances
royaulx.   Signé : Lelièvre.

(1) Le procès-verbal de visite qui motiva cette ordonnance existe également aux
archives de la Drôme. En voici la teneur :

« Du vingt-troisiesme jour du moys de Décembre 1631, au lieu de la Clastre,
mandement de Piégros en l'archipresbytérat de Crest diocèze de Dye. Pardevant
nous Pierre Hugon prebstre chanoyne en l'esglize cathédralle Nostre-Dame de Dye,
prieur de Sainct-Agnan, vicaire général et official dudict Dye, a comparu Mᵉ Charles
de Lolle diacre dudict archipresbyterat substitut faisant pour le promotteur du diocèze, faizant la vizitte audict lieu de la Clastre lequel nous a recquis accéder dans
l'esglize dudict lieu et bastimentz d'icelle et estantz entrés dans l'esglize avons
mandé venir maistre Jean Viret habitant et rentier des dismes dudict lieu, lequel
interrogé, nous a dict que ladicte esglize est soubs le vocable de Sainct-Méard, préceptorerie générale et monastère conventuel deppendant de l'ordre de Sainct-Anthoine de Viennoys, possédé par frère Jean Chabert religieux profez et habitant
audict Sainct-Anthoine ; que la cure des âmes rézide en la personne de messire
Bermond Mondon habitant audict Piégros où est l'esglize parrochiale et où les
sacrements s'administrent, quoyque ainsy qu'il nous a apparu par les sépultûres et
qu'il nous a esté rapporté par ledict Viret et noble Jean de Hers, les enterrements
se fassent audict lieu de la Clastre ; laquelle esglize nous avons treuvée pour le
bastiment et couvert qu'elle menace ruyne du costé de la porte et du couchant les
portes renversées et hors des gons, l'hostel, ses paremens et ustencilles, le monastère, dortoir et aultres appartemens ruynés et descouverts, hors une chambre qu'ils
appellent la sacrestie, qu'il n'y a aulcung prebstre rézidant et ledict Viret nous a
dict, qu'en ladicte qualité de rentier, il paye audict sieur Chabert oultre les décimes
et la portion congrue du curé dudict Piégros, la somme de six cents livres tous les
ans, moytié à la Toussaintz et l'aultre moytié à Nostre-Dame de Mars. A conclue
en sadicte qualité ledict de Lolle, à ce qu'il soict enjoinct audict Chabert de fere
réparer une habitation convenable pour tel nombre de religieux que les fruicts de

Médard ne figure plus sur la liste des maisons antonines. Les religieux de cet Ordre, dont le nombre allait sans cesse décroissant, l'avaient converti, de même que tant d'autres, en une simple exploitation rurale, que nous voyons affermée, en 1756, 1200 livres, non compris le domaine de Brisans-sur-Crest et le peu de bien restant à Suze, Ombleze et le Cheylard, des anciennes obédiences dont la ruine avait précédé celle de la commanderie, et non compris encore les dîmes de la paroisse de Piégros, vis-à-vis de qui l'opulente abbaye de Saint-Antoine ne se montrait pas moins parcimonieuse que les derniers commandeurs, croyant avoir satisfait à toutes obligations lorsqu'elle avait payé la modeste somme de trois cents livres, représentant la portion congrue ou traitement du curé et fait distribuer aux pauvres une certaine quantité de grains, représentant la vingt-quatrième partie de la dîme qui leur était rigoureusement due. Or, il est bon de remarquer, à ce propos, que cette paroisse dont l'église, sous le vocable de Saint-André, était dans le village même de Piégros, ayant de toute ancienneté un chapelain ou curé qui, présenté à l'évêque par le commandeur, était d'ailleurs parfaitement indépendant de la commanderie sise à la Clastre, où se trouvait cependant le cimetière ; cette paroisse, disons-nous, abandonnée de ceux qui étaient ses protecteurs et ses bienfaiteurs naturels, trouva en quelque sorte une compensation à cet abandon dans la pieuse générosité des seigneurs du lieu et de

ladicte préceptorerie pouront supporter, aultrement en soit pourveu d'office et cependant et conformément au règlement général du 28 aoust 1630, qu'à ces fins la saizie des fruicts de ladicte préceptorerie luy soit permize pour en estre prins à l'effect que dessus suivant les saincts canons.

« Surquoy nous vicaire général avons octroyé à ladicte date, ce que dessus à nostre promotteur, enjoignant audict frère Chabert d'employer la quarte part de six cents livres annuellement à l'ameublement de ladicte esglize et réparation dudict monastère, jusques à perfection dernière et ceppendant pour l'effect de ce, avons permiz et permettons audict promotteur la saizie requize jusqu'à ce qu'il nous aye apparu des prifaicts à la concurrence du quart desdictes six cents livres et ce attendu le mespris et négligence des supérieurs de ladicte préceptorerie.

« Signé : HUGON, vicaire général.   De LOLLE, diacre ».

quelques autres personnes laïques. Nous en trouvons la preuve dans les diverses fondations qu'énumère un procès-verbal de visite épiscopale du dernier siècle (1).

Le 4 septembre 1568, Antoine de Sauvaing du Cheylard, seigneur de Piégros et de Vercheny, légua par testament, aux pauvres de Piégros, une rente annuelle et perpétuelle de six setiers de froment et autant de seigle, payable le 1ᵉʳ novembre aux consuls de la communauté.

Le 7 mars 1640, noble Venance de Jony, seigneur de Pennes, Barnave et Piégros, faisant élection de sépulture en la chapelle de Saint-Jean l'Evangéliste, tombeau de ses prédécesseurs, seigneurs de Piégros, dans l'église paroissiale de Saint-André, y fonda, moyennant une pension annuelle et perpétuelle de quinze livres, hypothéquée sur tous ses biens, une messe qui devait être dite chaque semaine, à pareil jour que celui de son décès.

Par acte reçu Mᵉ Seguin, notaire à Crest, le 29 novembre 1740, Antoine Gorce, habitant de Piégros, dota l'église paroissiale dudit lieu d'un petit fonds en terre, vigne et herme de la contenance d'environ deux sétérées, à la charge, pour le curé, de dire tous les mois une messe pour le repos de son âme et celle d'Etienne Gorce, son frère; plus de dire chaque année, le jour des Morts, les prières accoutumées devant son tombeau qu'il se réserva de placer dans ladite église.

Dix-sept ans après, et le 27 mai, Jean Henri de Sanglier, chevalier de Saint-Louis, gentilhomme de Vernoux en Vivarais, ayant fait construire, dans le domaine qu'il avait à Piégros, une chapelle dédiée à Notre-Dame de Bon-Secours (2), affecta sur ledit domaine une rente annuelle et perpétuelle de quatre livres dix sous, pour l'acquit de

____

(1) *Procès verbal de visite de l'église de Piégros, par Gaspard Alexis de Plan des Augiers, évêque et comte de Die*, le 14 septembre 1756. Archives de la Drôme, fond. de l'évêché de Die.

(2) Cette petite chapelle a été complétement restaurée dans ces derniers temps. Notre-Dame de Bon-Secours est un lieu de dévotion pour les habitants de Piégros-la-Clastre et des environs. Le pèlerinage est fixé au 8 septembre lorsque le 8 tombe un dimanche ; dans les autres cas, il est toujours renvoyé au dimanche qui

messes qui devaient y être dites à son intention par le curé de Piégros, les 18 avril, 1er mai, 1er juin, 1er juillet, 1er août et 27 septembre de chaque année.

·Enfin, il y avait encore, sous rétribution de huit sous chaque, fondation d'un certain nombre de messes en la chapelle de Saint-Jean l'Evangéliste, par une marquise de la Tour, dame du lieu, qui laissa à cet effet une rente de quinze livres, et à la condition de célébrer annuellement deux fois douze messes. Le curé de Piégros jouissait d'un petit jardin donné par Giraud Fraisse, et de sept sétérées environ de terre, bois et pré, légués par Félix Blache.

Biens de la commanderie, dîmes de la paroisse, fondations pieuses, tout a été emporté par la Révolution, et depuis, le village de la Clastre étant à beaucoup près l'agglomération la plus importante de la commune autrefois de Piégros, et maintenant de Piégros-la-Clastre, suivant un décret du 17 décembre 1872, l'antique église de la commanderie de Saint-Médard — édifice roman d'une extrême simplicité, mais où se trouvent cependant quelques pilastres d'un caractère assez accentué, pour qu'il ait été question de la classer parmi les monuments historiques — est devenue l'église de la paroisse. Quant à l'ancienne église de Saint-André, abandonnée mais non ruinée, elle s'élève toujours dans le village presque désert de Piégros, non loin du château croulant, dont les anciens maîtres reposent encore oubliés de tous, dans la chapelle de Saint-Jean l'Evangéliste.

Il ne nous reste maintenant qu'à faire connaître le petit nombre de prieurs et de commandeurs de Saint-Médard dont le nom est arrivé jusqu'à nous :

Robert reçut, le 2 novembre 1174, d'autre Robert, évêque de Viviers, donation de l'église de Saint-Montan près Bourg-Saint-Andéol avec toutes ses dépendances (1).

suit la Nativité de la sainte Vierge. Ajoutons qu'on a découvert depuis peu, non loin de ce petit oratoire, les restes d'une inscription du XIIe ou du XIIIe siècle, mentionnant une donation de terres sises au quartier de la Motte, en faveur d'une église qui doit être vraisemblablement celle de Saint-Médard.

(1) COLUMBI. *Opuscula varia*, 212.

Guillaume de Royas, un des témoins de la bulle de priviléges que l'empereur Frédéric Barberousse octroya le 30 juillet 1178 à Robert, évêque de Die, étant à Brisans, — *in domo de Brisas* — le 25 avril 1187, reçut de Guillaume Saramand, agissant en cette circonstance de l'avis de sa mère Etiennette, de sa femme Aloïse et du nommé Pierre Isard, donation de la terre dite des Archimbauds, sous réserve d'un cens annuel de cinq setiers froment, mesure de Die, et le 27 mai 1190 fut témoin d'un accord fait entre les religieux de l'abbaye de Léoncel et ceux de la chartreuse du Val-Sainte-Marie, touchant les limites de leurs terres (1).

Hugues, de concert avec Pierre de Saint-Montan, prieur de Brisans, reconnut être du fief de l'église de Die tout ce que les deux prieurés possédaient sur le territoire d'Aurel ; ce qui fut approuvé le 8 juin 1200 par les chanoines de Saint-Médard au nombre desquels nous trouvons Paias, prieur de Saint-Sauveur (2).

Pierre Richard qui, le 2 des kalendes de mai 1258, fit hommage au comte de Valentinois de tout ce qu'il possédait relevant de son fief (3).

Ponce de Mornans, religieux de Saint-Antoine, frère de Guillaume de Mornans, seigneur en partie d'Espenel et de Lambert de Mornans, prieur de Mornac, ordre de Saint-Ruf, autorisa, en 1322, frère Ponce Lioutard, prieur de Brisans, à vendre au prix de seize livres viennoises certaine terre de son prieuré sise à Espenel, et, le 24 mars 1330, souscrivit, conjointement avec ses frères et noble Pierre Esparvier de Charpey, une obligation de trois cent vingts florins, coin et poids de Florence, au profit d'André de Manel (4).

Antoine de Glandis, commandeur de Saint-Médard et prieur de Suze en Diois, fournissant le dénombrement des biens de sa commanderie par-devant le Visénéchal de Crest, le

---

(1) *Cart. de l'égl. de Die*, ch. 1, 13, d° de *Léoncel*, ch. 44.
(2) *Cart. de l'égl. de Die*, ch. 22.
(3) Guy Allard. *Hist. eccl.*, mss.
(4) *Archives de la Drôme*, E, 455, 456.

26 mars 1540, déclara posséder de ce chef : à Piégros, une terre d'environ cent sétérées, appelée le Plat, une autre appelée le Gros Noyer, d'environ quarante; une dite des Versannes, de trente-cinq ; celle de la Motte, de trente-huit ; celle de la Croix et un moulin ayant en tout quinze sétérées ; la terre de Saint-Médard, d'environ trente sétérées ; celle de Saignes, de six ; celle de Riou d'Obois, de quinze ; celle de Bovier, de dix ; celle de Ratibois, de seize ; un herme à l'Appressant, de douze sétérées ; dix hommes de pré, dix hommes de vigne ; un jardin d'un arpent et une maison affermée vingt-quatre sous. A Charols, une terre de dix sétérées ; puis à cause de la chapelle de Notre-Dame de l'Osmone, près la porte de Crest, laquelle était unie à la commanderie de Saint-Médard, une terre de six sétérées à Lambres, et une de deux sétérées au mandement d'Aubenasson. A cause du prieuré de Saint-Antoine de Brisans également uni à la commanderie, il reconnut posséder à Crest trois éminées de terre au quartier de Saint-Vincent, la terre de Gonin au-dessus du prieuré, un pré d'une civayérée, deux autres près de la Croix du marché et vingt-six hommes de vigne. Quant aux censes et rentes dépendantes des mêmes bénéfices, c'étaient : Du chef de Saint-Médard : à Piégros, deux setiers et un civayer froment, une émine avoine, dix-neuf poules et quart, sept sous, quarante-deux deniers, cinquante-trois oboles et trois pites ; à Ombleze, deux poulets et demi, sept sous et 70 oboles ; à Eyglui, vingt-quatre deniers ; à Vaugelas, vingt civayers blé et vingt-quatre oboles ; à Suze, huit ci-vayers blé et vingt-quatre oboles ; à Montclar, deux civayers blé ; à Chateauneuf de Mazenc, cinquante-deux civayers blé ; à Mirabel, quatorze civayers et demi blé et deux tiers de poule ; à Aoûste un setier et un civayer blé, vingt-sept sous, douze deniers et un quart de poule : Du chef de la chapelle de Notre-Dame de l'Aumone, trois setiers et demi blé et trois deniers. Du chef du prieuré de Brisans, cent-quinze quartaux et un civayer froment, quatre sous, cent quarante-quatre deniers et huit oboles, plus une poule

et quart à Crest ; une quarte et un civayer froment, douze sous, cent cinquante-neuf deniers et vingt oboles, au mas de Revoyran ; deux sous et vingt-deux deniers à Saint-Sauveur ; dix deniers à Saillans, un sou à Mirabel et six deniers à Cobone (1).

Claude FALCO, que nous croyons être le neveu d'Aymar Falco, auteur de l'*Antonianæ historiæ Compendium*, obtint, en 1556, du parlement de Grenoble, un arrêt le maintenant dans le droit de percevoir la dîme du blé et du vin dans les territoires de Saint-Médard et de Piégros (2).

Jean CHABERT qui, nommé le 22 novembre 1597, et mis en possession le 11 février suivant, ainsi qu'il a été dit plus haut, fit, le 9 mars 1604, avec les consuls et habitants de Piégros, un accord, aux termes duquel ces derniers s'engageaient à lui payer dorénavant, sans contestation, la dîme de tous grains et vendanges à la cote seize, et de plus, à entretenir la toiture de la nef de l'église paroissiale ; en retour de quoi il serait lui-même tenu de faire distribuer tous les ans, à la porte de la commanderie, six setiers de froment, dix de seigle, huit d'orge et huit d'épeautre ; puis encore de supporter tous les frais des visites épiscopales (3).

Ce commandeur, qui vivait encore en 1635, est, je crois, le dernier.

(1) *Inventaire de la chambre des comptes*, V° Piégros.
(2) *Archives de l'Isère*, B, 100.
(3) *Archives de la Drôme*, E, 1078 et visites épiscopales de 1756.